Chiara Codato   Silvia Cravedi   Annal

Ambaraba
1

Corso di lingua italiana per la scuola primaria

Alma Edizioni
Firenze

Direzione editoriale: **Ciro Massimo Naddeo**
Coordinamento editoriale e redazione: **Sabrina Galasso**
Progetto grafico, impaginazione e copertina: **Sergio Segoloni** e **Manuela Conti**
Illustrazioni: **Clara Grassi**

Consulenza scientifica: **Jolanda Caon** e **Rita Gelmi**

Si ringraziano gli insegnanti del gruppo di lavoro: Raffaella Berto, Cinzia
Boninsegna, Davide Brazzo, Anita Cava, Stefania D'Albano, Giselle Dondi,
Lorena Fraschetti, Silvia Grillo, Sonia Milanese, Enzo Nicolodi, Daniela Ortner,
Anna Rita Saccucci, Luca Scanferla, Giuliana Visintin.
Si ringrazia la Professoressa Graziella Pozzo per la collaborazione offerta
al gruppo di lavoro.
Si ringrazia l'illustratore Luca Nesler.

Ambarabà è un progetto realizzato da **Alma Edizioni**
in collaborazione con l'**Istituto Pedagogico Tedesco di Bolzano**.

Printed in Italy

ISBN 978-88-8923-771-7

© **2007 Alma Edizioni**

Prima edizione: marzo 2007

Alma Edizioni
Viale dei Cadorna, 44
50129 Firenze
tel +39 055476644
fax +39 055473531
alma@almaedizioni.it
www.almaedizioni.it

Introduzione

Che cos'è Ambarabà

Le bambine e i bambini di oggi devono prepararsi a parlare in lingue diverse per poter giocare e divertirsi con gli altri, anche con quelli che non parlano la loro stessa lingua. **Ambarabà** compie questa bella magia: aiuta le bambine e i bambini a imparare la lingua italiana in modo amichevole, divertente, intelligente.

Il corso si rivolge a bambini dai 6 ai 10 anni e prevede 5 livelli, uno per ogni anno di scuola primaria. Si presta ad essere utilizzato sia all'estero con bambini stranieri sia in Italia con classi mono e plurilingue.

Ambarabà 1 è dedicato a bambini che non sanno ancora leggere e scrivere e si compone di:

- **un unico volume** con 10 percorsi didattici (pp. 5-96), allegati ritagliabili e fotocopiabili (pp. 97-112), portfolio (pp. 113-121), indicazioni metodologiche (pp. 122-123), tavole sinottiche (pp. 124-128) e indicazioni per l'insegnante poste a pie' di pagina;

- **un CD audio** con le attività di ascolto;

- **un CD audio** con le canzoni e le basi musicali, tutte originali e appositamente composte da musicisti professionisti.

Caratteristiche

Oralità: tutto il corso dà molto rilievo alle abilità orali. In particolare Ambarabà 1 è centrato su una grande varietà di esercizi di ascolto, canzoni, filastrocche, storielle che si prestano ad essere drammatizzate. Il bambino viene esposto a una lingua viva e autentica.

Manualità: in modo adeguato alla fascia d'età cui si rivolge, spesso è richiesto al bambino di ritagliare, incollare, colorare, disegnare.

Il gioco: una buona parte delle attività proposte è di carattere ludico.

Interazione: il libro è centrato sull'apprendimento interattivo e cooperativo attraverso attività in coppia o in gruppo.

T.P.R.: il volume pone particolare attenzione al coinvolgimento fisico e multisensoriale del bambino attraverso l'utilizzo di tecniche derivate dal Total Physical Response.

Come si usa

Per l'insegnante: le indicazioni per l'insegnante sono poste a piè di pagina per facilitare l'utilizzo del testo.

Per il bambino: accanto alle istruzioni che introducono ogni esercizio, sono poste delle icone che illustrano al bambino, in modo immediatamente comprensibile, il tipo di attività che deve svolgere:
es. 🎧 🎤 💃 Ascolta, canta e balla.

Jolanda Caon e Rita Gelmi

indice

Conosciamoci

Buon giorno

1

  Ascolta e canta.

Buon giorno con una mano, buon giorno con l'altra mano,

buon giorno e salutiamo la maestra d'italiano.
Buon giorno con un saltino, buon giorno con un inchino,

buon giorno e ci sediamo al nostro posto piano piano.

Arrivederci

2

  Ascolta e canta.

Arrivederci, arrivederci, arrivederci maestra.
Arrivederci, arrivederci, arrivederci, ciao, ciao.

---

1. **CD2** 1 - L'insegnante canta e mima la canzone insieme ai bambini all'inizio di ogni lezione.
2. **CD2** 2 - L'insegnante canta e mima da sola la canzone alla fine di ogni lezione, sostituendo la parola «bambini» a «maestra». In seguito i bambini cantano e mimano la canzone come nel testo.

Ritaglia e incolla.

3. L'insegnante ingrandisce i disegni (allegato a1) e predispone quattro cartelloni che riproducono i 4 ambienti. Distribuisce ad ogni bambino un disegno nominandolo, lo fa ripetere e gli indica il cartellone su cui dovrà incollarlo. Il disegno assegnato diventa il simbolo del bambino. In seguito ogni bambino colora e ritaglia i disegni dell'allegato a1 e li incolla nel libro al posto giusto.

4 E adesso giochiamo!

   Ritaglia, disegna e gioca con i tuoi compagni.

 4. Ogni bambino ritaglia il cartellino (allegato a2), scrive il suo nome, disegna il suo viso e incolla la copia del suo simbolo. Ai lati del cartoncino fa un piccolo buco e vi annoda un cordoncino per appenderlo al collo.
I bambini svolgono i seguenti giochi per fissare il lessico: 1 – L'insegnante chiede di chi è un simbolo e mostra il cartellino, il proprietario risponde. 2 – L'insegnante nomina un simbolo e chiede ad un bambino di prendere il relativo cartellino. 3 – L'insegnante nasconde un cartellino dietro la schiena e chiede quale manca, un bambino risponde. 4 - Ogni bambino indossa il suo cartellino girato al contrario. Un bambino indovina il simbolo di almeno tre compagni.

Ascolta, canta e balla.

Giro girotondo
com'è bello il mondo
il granchio, il delfino,
la barca e il pesciolino,
nel mare altro non c'è,
adesso tocca a te.

Giro girotondo
com'è bello il mondo,
la luna, il palloncino,
la stella e l'uccellino,
nel cielo altro non c'è,
adesso tocca a te.

Giro girotondo
com'è bello il mondo,
la mucca, il cavallo,
la gallina e il gallo,
nel prato altro non c'è,
adesso tocca a te.

Giro girotondo
com'è bello il mondo,
la volpe, il pino,
il fungo e il topolino,
nel bosco altro non c'è,
adesso tocca a te.

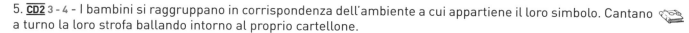

5. CD2 3 - 4 - I bambini si raggruppano in corrispondenza dell'ambiente a cui appartiene il loro simbolo. Cantano a turno la loro strofa ballando intorno al proprio cartellone.

6 Il gioco di Pinocchio

  Ascolta e gioca con i tuoi compagni.

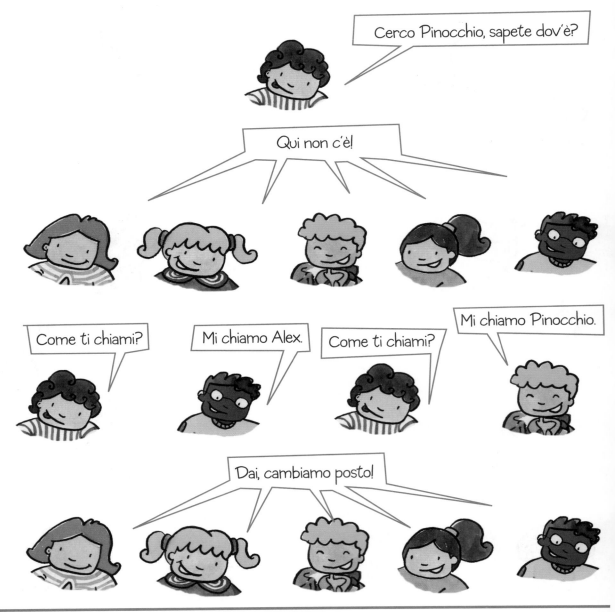

Cerco Pinocchio, sapete dov'è?

Qui non c'è!

Come ti chiami?

Mi chiamo Alex.

Come ti chiami?

Mi chiamo Pinocchio.

Dai, cambiamo posto!

 6. <u>CD1</u> 2 - Un bambino esce dalla classe, gli altri si siedono in cerchio e scelgono chi tra loro sarà Pinocchio; il bambino rientra e deve scoprirlo. Quando lo trova, tutti cambiano posto. Il bambino che rimane in piedi esce e il gioco riprende.

Ascolta, recita e balla.

Questo è il ballo di Arlecchino:

su un piede

sull'altro

e poi un salto

fa' la giravolta

falla un'altra volta

giù le gambe

fa' l'inchino

Questo è il ballo di Arlecchino!

7. CD1 3 - L'insegnante recita e mima la filastrocca insieme ai bambini.

2

Percorso *due*

1 Dalla parola al numero

  Ascolta e scrivi il numero **nel** ◯ cerchio.

2 Dal numero alla parola

  Ascolta **il numero e di' la parola.**

 1. L'insegnante dice il nome di un oggetto illustrato (es. la torta) e scrive il numero alla lavagna (es. 1).
I bambini scrivono il numero nel cerchio
2. L'insegnante dice e scrive alla lavagna il numero di un oggetto illustrato e i bambini lo nominano.

Segui la strada

   Ascolta, indica e **di'** che cosa vedi nella colonna numero cinque (5).

1	2	3	4		5

Percorso *due*

3. **CD1** 4 – I bambini ascoltano e indicano gli oggetti nominati. Arrivati alla IV colonna, i bambini dicono il nome di ciò che è illustrato nella V colonna.

Gioca con i tuoi compagni.

4. Prima di iniziare il gioco l'insegnante assieme ai bambini dice il nome degli oggetti/animali illustrati a pagina 15 e 16, che ha precedentemente ingrandito e plastificato. Gioco: sul pavimento vengono disposti i cartellini e i bambini formano due squadre. A ogni bambino per squadra viene assegnato un numero. In ogni squadra ci sarà il n 1, il n. 2, ecc. L'insegnante dice un numero e nomina un oggetto. I bambini con quel numero devono prendere il cartellino con l'oggetto nominato. Chi lo prende, vince un punto per la sua squadra.

Gioca con il tuo compagno. Uno dice **la parola, l'altro** indica **il disegno.**

5. I bambini giocano a coppie. Un bambino dice il nome di un oggetto illustrato, il compagno lo indica. Poi i bambini si scambiano il ruolo e svolgono l'attività con le illustrazioni della pagina seguente.

Colora le strade e di' il nome degli oggetti disegnati.

Percorso *due*

2

6. L'insegnante assieme ai bambini ripete più volte il nome delle coppie di oggetti illustrati per far scoprire la rima.

Ascolta e indica, poi canta e mima.

Il canguro Arturo , il pinguino Tino ,

il cammello Lello , l'elefante Dante e

i gatti Tim e Tom  suonano nella banda.

Il capo-banda è il panda Nando .

Quando il panda alza la mano, tutti suonano.

Taca, taca, tacabanda,
io sono il panda, il capo-banda.
Taca, taca, tacabanda,
la mia banda è questa qua.
Ecco, ecco il canguro,
tum tum tum suona il tamburo.
Ecco, ecco il pinguino,
zin zin zin suona il violino.
Ecco, ecco il cammello,
glin glin suona il campanello.
Ecco, ecco i due gatti,
pam pam pam suonano i piatti.
Ecco, ecco l'elefante,
ecco, ecco l'elefante.
Ma ... dov'è l'elefante?
Dov'è l'elefante?

Tutti guardano di qua, guardano di là,
guardano in su, guardano in giù,
l'elefante non c'è più.

Ecco, ecco
l'elefante!

Ma la giraffa grida:"Ecco, ecco l'elefante!"
Tutti chiedono:"Dov'è, dov'è" ?
"E' lì, al ristorante."

Dov'è? Dov'è?

Taca, taca, tacabanda,
io sono il panda, il capo-banda.
Taca, taca, tacabanda,
la mia banda è questa qua.

Ecco, ecco il canguro,
tum tum tum suona il tamburo.

Ecco, ecco il pinguino,
zin zin zin suona il violino

Ecco, ecco il cammello,
glin glin suona il campanello.

Ecco, ecco i due gatti,
pam pam pam suonano i piatti.

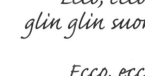

Ecco, ecco l'elefante,
la, la, la è il cantante!

---

8. $\overline{CD2}$ 5 - 6 - I bambini ascoltano e indicano le illustrazioni, poi cantano e mimano assieme all'insegnante.

Di' il nome dei tre disegni e fa' una X crocetta su quello che non fa rima.

7. I bambini assieme all'insegnante dicono a voce alta il nome dei tre oggetti illustrati in ogni riga, poi fanno una croce su quello che non fa rima.

Animali

Conosci gli animali?

  Ascolta e indica.

Il puzzle degli animali

   Ritaglia e incolla, poi di' il nome degli animali.

---

1. CD1 5 - I bambini ascoltano e indicano gli animali.
2. I bambini ritagliano i pezzi (allegato a3), compongono i puzzle degli animali e li incollano nel riquadro. Poi assieme all'insegnante nominano gli animali raffigurati.

Di' il nome degli animali, poi disegna **e** colora.

3. I bambini indovinano e dicono il nome degli animali raffigurati nelle maschere, poi completano il corpo e lo colorano. L'insegnante fotocopia le maschere (ingrandimento 400%) e ne fa costruire una a ogni bambino.

Ascolta e ripeti **il verso del tuo animale.**

Indovina, indovina! <u>**5**</u>

 Gioca con il tuo compagno.

4. L'Insegnante dice il nome di un animale e i bambini con le rispettive maschere, imitano il verso di quell'animale.
5. I bambini ritagliano i cartellini di pagina 25 e giocano a coppie. Un bambino pesca una carta e il compagno prova a dire il nome dell'animale senza vedere l'illustrazione sul cartellino finché ha indovinato. Poi si scambiano i ruoli fino a quando finiscono le carte.

Tombola

Gioca con i tuoi compagni.

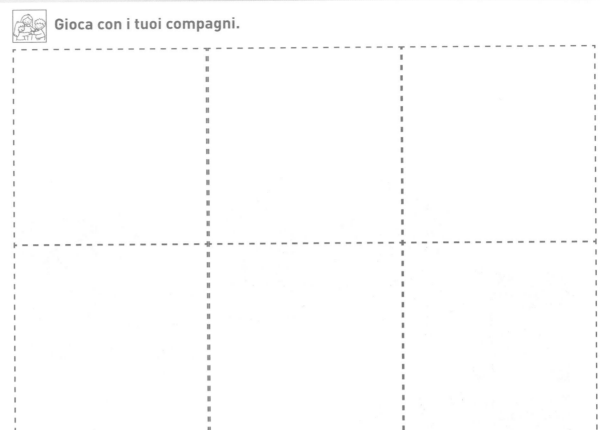

7 Cerca l'animale

Ascolta e fa' una crocetta.

 6. Ogni bambino dispone sulla griglia i cartellini di sei animali scelti tra quelli ritagliati a pag. 25, per creare la sua cartella della tombola. L'insegnante pesca un cartellino alla volta e nomina gli animali, i bambini girano il cartellino dell'animale nominato. Vince chi per primo ha girato tutti i cartellini. A turno un bambino prende il posto dell'insegnante.

7. CD1 6 - I bambini ascoltano e segnano con una croce l'animale nominato. I bambini dicono il nome dell'animale rimasto.

la giraffa

il panda

l'elefante

la tigre

il maiale

la pantera

il leone

il pesce

il coccodrillo

il cammello

il delfino

la mucca

il pinguino

il cane

il gatto

Ascolta, canta e balla.

Allo zoo di Mustafà
gli animali ballan già,
la giraffa-fa con il gatto-to,
il coccodrillo-lo con la mucca-ca.

Gira gira dai, gira gira dai,
gira gira, balla insieme a noi. (x2)

Allo zoo di Mustafà
gli animali ballan già,
il cammello-lo con il cane-ne,
il delfino-no con il pesce-sce.

Gira gira dai, gira gira dai,
gira gira, balla insieme a noi. (x2)

8. **CD2** 7 - 8 – I bambini ascoltano, cantano la canzone e durante il ritornello fanno il girotondo, poi indicano gli altri animali raffigurati nello zoo e li nominano con l'aiuto dell'insegnante.

Ascolta e **indica**, **poi racconta** la storia a un compagno.

Nella c'è il  .

I piccoli animali giocano: gioca la , gioca il ,

gioca la gioca il  .

È  , c'è la , è ora di andare a .

La  dice: " , è , dobbiamo andare a "

La risponde: "Per piacere, ancora un po'! Voglio giocare

con il , la e il "

La  dice: " , è , devi andare a  ".

La  saluta gli "Ciao a *tutti*" e va a .

Il dice: " , è , dobbiamo andare a

 ".

Percorso *tre* **3**

Il risponde: "Per piacere, ancora un po'!

Voglio giocare con la e il ".

Il  dice: "  , è  , devi andare a  ".

Il saluta gli  : "Ciao a tutti" e va a .

La dice: " , è , dobbiamo andare a ".

La risponde: "Per piacere, ancora un po'!

Voglio giocare con il ".

La  dice: " è devi andare a ".

La  saluta gli  "Ciao a tutti" e va a .

Il  dice: " , è , dobbiamo andare a ".

Il  risponde: "Per piacere, ancora un po'! Voglio giocare con...

Oh, oh, i miei  sono tutti a ! Buona notte!".

---

7. CD1 7 - I bambini ascoltano e indicano i disegni della storia. In seguito la raccontano a un compagno seguendo
i disegni. Infine i bambini colorano e ritagliano gli oggetti (allegato a4), per drammatizzare la storia con le
figure.

Numeri e colori

1 La filastrocca dei numeri

   Ascolta, recita e mima.

 uno,  due fa' il bue

 tre, quattro fa' il gatto

 cinque, sei tutto ok

 sette, otto asino cotto

 nove, dieci pasta e ceci

2 Rubabandiera

Gioca con i tuoi compagni.

 1. **CD1** 8 - I bambini ascoltano, recitano e mimano la filastrocca.

2. L'insegnante prepara dei cartelli con i numeri da 1 a 10 per due squadre. I bambini divisi in squadre hanno appeso al collo uno dei cartelli e sono disposti in due file, una di fronte all'altra. L'insegnante è al centro e ha in mano un fazzoletto (bandiera). Dice un numero e i due bambini con il numero corrispondente corrono per prendere il fazzoletto. Chi per primo torna al suo posto con la bandiera in mano, porta un punto alla propria squadra.

Macchinina rossa

Ascolta **e** ripeti.

Regina reginella

Ascolta **e** ripeti.

---

3. $\overline{\text{CD1}}$ 9 - I bambini ascoltano la conta e la ripetono coralmente. Poi giocano a metterla in pratica.
4. $\overline{\text{CD1}}$ 10 -. I bambini ascoltano e recitano coralmente la filastrocca. Poi viene scelta la "regina" e si esegue il gioco. I bambini recitano la filastrocca. La "regina" dice a ogni bambino quanti passi deve fare verso di lei e quale animale deve mimare. Il primo bambino che la raggiunge prende il suo posto e il gioco ricomincia.

5   I cappellini colorati

  Ascolta e colora i cappellini.

6   Dov'è la pallina?

   Ascolta, recita e gioca con i cappellini.

Sono triste stamattina,
non ho più la mia pallina.
Pallina! Pallina! Dove sei?
Batti un colpo, se ci sei!

Hai tu la mia pallina?

No, no, non ce l'ho!

Hai tu la mia pallina?

Sì, sì, eccola qui!

---

 5. L'insegnante dice ai bambini come colorare i cappellini dell'illustrazione. Poi i bambini colorano e costruiscono il cappellino (allegato a5). Sfruttare i cappellini in altre attività per memorizzare il lessico.

6. **CD1** 11 - I bambini ascoltano e ripetono la filastrocca. Poi un bambino esce dalla classe e l'insegnante nasconde una pallina sotto il cappellino di un altro bambino. Al rientro in classe il bambino recita la filastrocca e indovina dov'è la pallina.

Il pittore Arturo

    Ascolta e **indica**, **poi canta** e **mima**.

*Il pittore Arturo
dipinge questo muro.
Bianco sì, bianco no,
tutto bianco no, no, no!*

*Giallo, rosso e arancione,
grigio, nero e marrone,
un po' di verde e un po' di blu
nel suo secchio giù, giù, giù!*

*Il pittore Arturo
sbatte contro il muro.
Accipicchia, che sbadato,
ora è tutto colorato!*

*Giallo, rosso e arancione,
grigio, nero e marrone,
un po' di verde e un po' di blu
sul vestito giù, giù, giù!*

La tavolozza di Arturo

  Di' i colori e **gioca** con un compagno.

---

7. CD2 9 - 10 - I bambini ascoltano, indicano, cantano e mimano la canzone.
8. I bambini giocano a coppie, uno indica di nascosto un colore sulla tavolozza, l'altro prova a indovinarlo. Poi si scambiano i ruoli.

Immagini e parole

Ascolta e indica, poi racconta la storia a un compagno.

È . Nel   ci sono tante . Come brillano!

Un cammina sul   di una .

"Sono un   e mi chiamo Calimero.

Ho fame, fame, tanta fame, voglio e !"

Un   corre sul .

"Sono un   e mi chiamo Supergigio.

Ho fame, fame, tanta fame, a ho un bel !"

 corre sul , vede una

e gnam gnam la mangia.

"Sono un   e mi chiamo Supergigio.

Ho fame, fame, tanta fame, a ho un bel !"

 corre sul , vede una

e gnam gnam la mangia.

"Sono un  e mi chiamo Supergigio.

Ho fame, fame, tanta fame, a  ho un bel  !"

 corre sul  , vede una

e gnam gnam la mangia.

"Sono un   e mi chiamo Supergigio.

Ho fame, fame, tanta fame, a ho un bel !"

 arriva a  , apre la e vede il .

Il  grida: "Uau, un per me!"

Il dice: "No, no, non mangiare me, mangia il  !"

 gli chiede: "Tu hai un ?"  risponde:

"Sì, io ho un grosso grosso! Lo mangiamo insieme?"

 ci pensa un po' e poi dice: "Insieme? Ma sì, va bene!"

Così  diventano amici.

---

9. CD1 12 - I bambini ascoltano la storia e indicano i disegni. In seguito la raccontano a un compagno seguendo
i disegni. Infine i bambini colorano e ritagliano gli oggetti (allegato a6), per drammatizzare la storia con le
figure.

Unisci e colora. Di' le frasi.

   Gioca con i tuoi compagni.

 10. I bambini uniscono il colore alla figura, poi la colorano. Poi, con l'aiuto dell'insegnante, dicono le frasi (es. La mela è rossa.)

11. I bambini ritagliano le carte di pag. 37 e giocano in gruppo con uno dei mazzi. Distribuiscono le carte, un bambino mette sul tavolo una carta e dice la frase corrispondente (es. "La mela è rossa"). Chi ha il colore rosso, può scartare la carta. Poi continua il compagno successivo. Vince chi rimane per primo senza carte.

Immagini e parole

4

Percorso *quattro*

A scuola

Batti le mani   1

   Ascolta, ripeti le parole e batti le mani.

Scopri gli oggetti della scuola   2

   Ritaglia i pezzi, gioca con un compagno **e incolla nel riquadro.**

1. CD1 13 - I bambini ascoltano, ripetono le parole e scandiscono le sillabe battendo le mani.
2. I bambini ritagliano le illustrazioni (allegato a7) e le incollano a incastro. Con l'aiuto dell'insegnante dicono il nome degli oggetti raffigurati.

Ascolta e indica l'oggetto giusto. Tocca. Che cos'è? Guarda. Che cos'è?

4 Coloriamo le cose della scuola

  Ascolta e colora.

 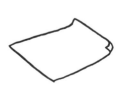  

 3. a) L'insegnante nomina alcuni oggetti scolastici e i bambini li mettono sul banco, poi l'insegnante nomina un oggetto e i bambini lo alzano. b) L'insegnante fa toccare un oggetto ad un bambino bendato che prova a indovinare. c) L'insegnante disegna una parte di un oggetto e i bambini indovinano di quale oggetto si tratta. Nelle tre attività i bambini possono assumere il ruolo dell'insegnante.
4. CD1 14 - I bambini ascoltano le indicazioni per colorare correttamente gli oggetti nominati.

Dov'è il gesso? A destra o a sinistra?

 Gioca con i tuoi compagni.

Quante cose io so fare

 Ascolta e indica, poi canta e mima.

Io disegno alla lavagna.
Io coloro la castagna.
Io scrivo una parola.
Sì, sì, sì io vado a scuola.

Quante cose io so fare,
so cantare, so ballare.
Quante cose io so fare
e di più voglio imparare.

Io apro la finestra.
Io ascolto la maestra.
Io saluto Bubu e Lola.
Sì, sì, sì io vado a scuola.

Quante cose io so fare,
so cantare, so ballare.
Quante cose io so fare
e di più voglio imparare.

---

5. Un bambino nasconde un oggetto in una mano e a turno chiede ai compagni di scoprire in che mano è, dicendo: "È a destra o a sinistra?". Il bambino che indovina può a sua volta nascondere l'oggetto.

6. <u>CD2</u> 11 - 12 - I bambini ascoltano, indicano le azioni nel disegno, poi cantano e mimano la canzone assieme all'insegnante.

Ascolta e indica.

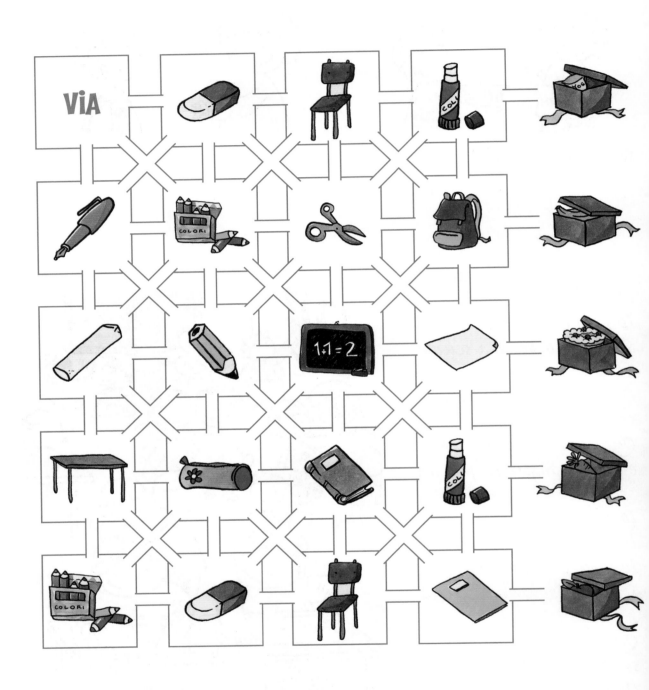

VIA

 7. <u>CD1</u> 15 - I bambini ascoltano e indicano l'oggetto che viene nominato. Alla fine dicono l'oggetto che trovano nel pacchetto. In seguito i bambini ripetono il gioco a coppie, un bambino dice le parole, l'altro indica gli oggetti.

La merenda

   Ascolta e **indica**, **poi** canta.

*Alla pausa noi mangiamo
la merenda super-buona,
ma che fame, ma che fame,
dimmi cosa mangi tu!*

*Uno yogurt alla mela
o la torta al cioccolato,
un panino al salame
o il formaggio con il pane.*

*Alla pausa noi mangiamo
la merenda super-buona,
ma che sete, ma che sete,
dimmi cosa bevi tu!*

*Un bicchiere d'acqua fresca,
succo buono alla pesca,
un bicchiere di aranciata
e anche un po' di limonata.*

Che cosa mangi per merenda?

  Disegna la tua merenda e **di'** ai tuoi compagni che cosa mangi.

---

8. CD2 13 - 14 - I bambini ascoltano e indicano i disegni nominati nella canzone, poi cantano.
9. I bambini disegnano la loro merenda preferita e dicono ai compagni quello che mangiano.

10 Come sono gli oggetti della scuola?

A   **Leggi** e **colora gli oggetti della scuola.**

La gomma è blu.
La matita è grigia.
Il libro è rosso.
La cartella è gialla.
La colla è viola.
La penna è arancione.
Il foglio è bianco.
L'astuccio è rosa.
Le forbici sono nere.
I colori sono verdi.
Il quaderno è variopinto.

B   **Di' le frasi al tuo compagno, ascolta** e **colora gli oggetti della scuola.**

11 Memory

 Gioca con un compagno.

 10A. L'insegnante legge le frasi, i bambini le ripetono e poi colorano gli oggetti.
10B. I bambini lavorano a coppie: uno dice le frasi (es. "La cartella è rossa") e l'altro colora, poi si scambiano i ruoli.
11. I bambini costruiscono il memory di pagina 45. Poi giocano a coppie.

A scuola

Ascolta il numero, conta e di' la parola giusta.

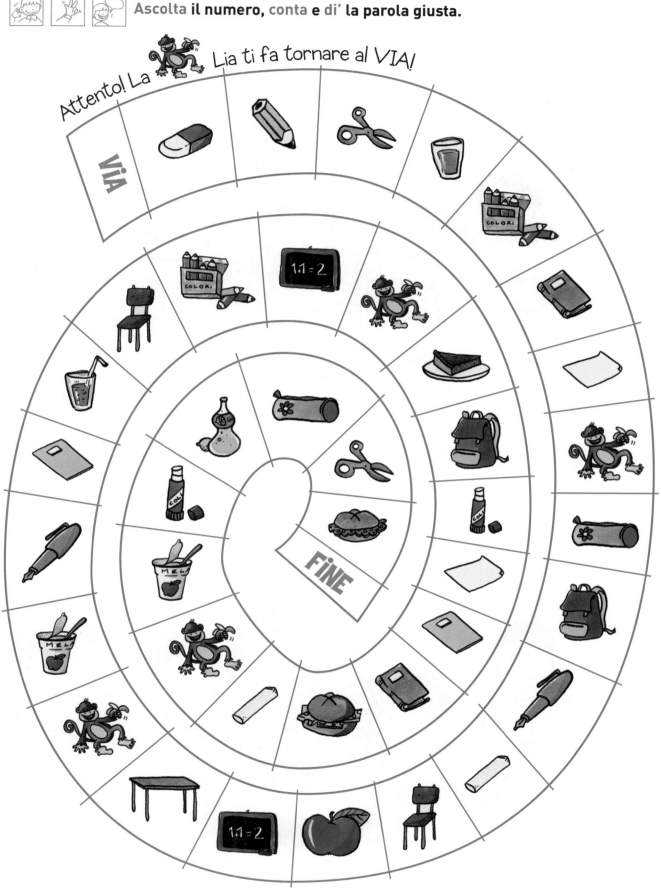

Attento! La Lia ti fa tornare al VIA!

VIA

FINE

12. L'insegnante tira il dado e dice il numero. I bambini contano le caselle e dicono il nome dell'oggetto sul quale arrivano. Se compare la scimmia tornano al "via". In seguito i bambini possono giocare in piccoli gruppi.

Percorso *cinque*

5

1 Il cesto dei giocattoli

 Di' il nome dei giocattoli.

 1. I bambini, seduti in cerchio, hanno un giocattolo in mano. Nominano il giocattolo con l'aiuto dell'insegnante e lo mettono all'interno di un cesto al centro del cerchio. In seguito l'insegnante prende un giocattolo dal cesto, chiede di chi è e i bambini rispondono. Questa attività va ripetuta più volte per fissare il lessico.

Percorso sei

6

Il memory

  Ritaglia e gioca con un compagno.

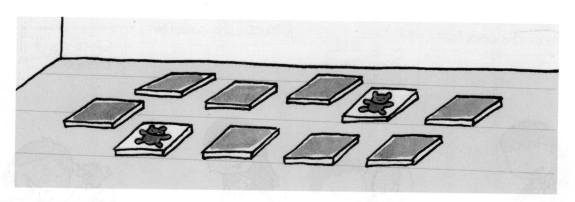

Cerca il giocattolo

  Ascolta e gioca con i tuoi compagni.

Percorso *sei* **6**

---

2. I bambini costruiscono il memory di pag. 55 e nominano assieme all'insegnante gli oggetti rappresentati. Poi giocano a coppie nominando di volta in volta gli oggetti.

3. **CD1** 16 - L'insegnante distribuisce ad ogni bambino una carta del memory. Ogni bambino deve cercare il compagno con la stessa immagine utilizzando le frasi del dialogo ascoltato.

Ascolta, indica e recita.

4. CD1 17 - I bambini ascoltano il dialogo e indicano le vignette. Il dialogo viene ascoltato varie volte, finché i bambini ripetono le frasi insieme al ritmo della registrazione. In seguito i bambini interpretano i ruoli, usando oggetti concreti.

Com'è il giocattolo?

   Ascolta, ripeti e mima.

piccolo grande

corto  lungo

Giocattoli e numeri

  Ascolta, cerca il giocattolo e scrivi il numero.

		1		

Percorso *sei*

5. L'insegnante dice le qualità degli oggetti raffigurati (es. l'orso grande – l'orso piccolo). I bambini indicano, ripetono e mimano. Poi giocano con il memory costruito nell'attività 2, nominando i giocattoli con la loro qualità.

6. CD1 18 - I bambini ascoltano, cercano l'illustrazione del giocattolo e scrivono il numero nell'apposito spazio.

Ascolta, canta e mima.

Io ho una palla,
la mia palla è così, così, così,
grande, grande è così (BOOOING)
piccolina è così (BOING).

Io ho il lego,
il mio lego è così, così, così,
grande, grande è così (CLIIIC CLAAAC)
piccolino è così (CLIC CLAC).

Io ho un orsetto,
il mio orsetto è così, così, così,
grande, grande è così (ROOONE)
piccolino è così (RONE).

 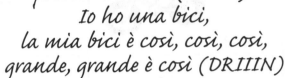

Io ho una bici,
la mia bici è così, così, così,
grande, grande è così (DRIIIN)
piccolina è così (DRIN).

Io ho una bambola,
la bambola è così, così, così,
grande, grande è così (UÈÈÈ)
piccolina è così (UÈ).

Io ho un trattore,
il mio trattore è così, così, così,
grande, grande è così (BRUUUM)
piccolino è così (BRUM).

Io ho una corda,
la mia corda è così, così, così,
lunga, lunga è così (HOOOP)
corta, corta è così (HOP).

Io ho un trenino,
il mio trenino è così, così, così,
lungo lungo è così (CIUUUFF)
corto, corto è così (CIUFF).

7. CD2 15 - 16 - I bambini ascoltano, cantano e mimano assieme all'insegnante la canzone.

Il gioco del mimo

  Guarda e di' il nome del giocattolo.

Giochi con la corda?

La camera di Susanna

  Ascolta e colora.

Percorso *sei* **6**

8. Un bambino mima un giocattolo, utilizzando i gesti della canzone della pagina precedente. I compagni indovinano il giocattolo mimato e lo nominano. Chi indovina prende il posto del compagno e il gioco continua.
9. CD1 19 - I bambini ascoltano e colorano i giocattoli secondo le indicazioni date nel testo.

Chiedi e fa' una crocetta.

Nome _____   Nome _____

 10. L'insegnante e i bambini esercitano coralmente la struttura "Ti piace giocare con la palla, con il lego ecc "
Poi, a coppie, un bambino pone domande al compagno servendosi della tabella di sinistra, facendo una croce
sulla faccia corrispondente alla risposta data. In seguito il compagno ripete l'intervista segnando le risposte
sul suo libro. La seconda colonna viene usata per svolgere l'attività con altri compagni. Al termine l'insegnante
pone domande ai singoli bambini sulle preferenze dei compagni.

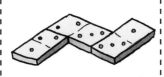   

Giocattoli

cinquantacinque **55**

Gioca con me

    Ascolta e indica, poi recita e mima.

B B B   batti le mani

P P P   pesta i piedi

T T T   tocca la testa

D D D   dammi la mano

e poi siediti piano piano.

1. **CD1** 20 - I bambini ascoltano e indicano le illustrazioni. Poi, in coppia uno di fronte all'altro, recitano la filastrocca ed eseguono i movimenti assieme all' insegnante.

Percorso *sette*   **7**

Ascolta, indica e di' che cosa vedi nella colonna numero cinque (5), poi scrivi la lettera nella ☐ casella.

 2. **CD1** 21 - I bambini ascoltano e indicano con il dito, poi dicono il nome dell'oggetto illustrato nell'ultima colonna. Infine i bambini ripetono la lettera con cui iniziano le parole di ogni sequenza e la scrivono nella casella dell'ultima colonna.

Di' il nome degli oggetti illustrati e scrivi nella casella la lettera del loro baule.

3. I bambini nominano gli oggetti e accentuano la lettera iniziale di ogni parola per capire in quale baule va l'oggetto. Poi scrivono la lettera nella casella.

Percorso *sette* **7**

Ascolta, guarda e colora la paletta giusta.

1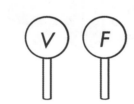

2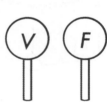

3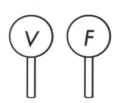

4

5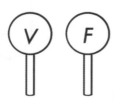

6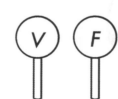

7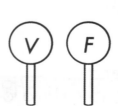

8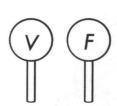

 4. <u>CD1</u> 22 - I bambini osservano attentamente il disegno, poi l'insegnante fa ascoltare una frase alla volta e i bambini alzano la paletta V(vero), se la frase è corretta rispetto all'illustrazione, F(falso) se non lo è (allegato a8). Durante un secondo ascolto i bambini colorano la paletta giusta.

Che cosa manca?

  **Di' il nome dei due oggetti illustrati e
disegna un altro oggetto che incomincia con la stessa lettera.**

5. L'insegnante e i bambini dicono il nome dei due oggetti illustrati sul camion. Poi i bambini disegnano un
terzo oggetto il cui nome incomincia con la stessa lettera.

Colora le strade e di' il nome dell' oggetto illustrato.

 6. L'insegnante ripete assieme ai bambini i nomi degli oggetti raffigurati, accentuando le doppie: i nomi con le doppie vanno nel cestino con due bollini, gli altri nel cestino con un bollino. L'insegnante può realizzare il gioco in classe, utilizzando due cestini e i cartellini del percorso "Immagini e parole" (pag. 15 e 16). I bambini prendono un cartellino, nominano l'oggetto illustrato e lo mettono nel cestino giusto.

Ascolta e indica, poi recita la filastrocca.

> occa – occa – la filastrocca è sciocca,
> non chiedere perché, ripetila con me.

alla la   la   è nella stalla

atto il   il è nel piatto

> occa – occa – la filastrocca è sciocca,
> non chiedere perché, ripetila con me.

olla la   la è sulla molla

otto il   il è sul risotto

> occa –occa – la filastrocca è sciocca,
> adesso sai perché, ripeti tocca a te!

7. **CD1** 23 - I bambini ascoltano e indicano le immagini. Poi ripetono coralmente la filastrocca.

Percorso sette   **7**

Trova il nome senza doppie

 ✎ **Di' il nome degli oggetti illustrati e
fa' una crocetta X su quello che non ha le doppie.**

 8. I bambini assieme all'Insegnante dicono a voce alta i nomi degli oggetti illustrati di ogni riga e barrano quello che non ha le doppie.

Di' il nome dei due oggetti vicini e **indica** quello che segue in ordine alfabetico.

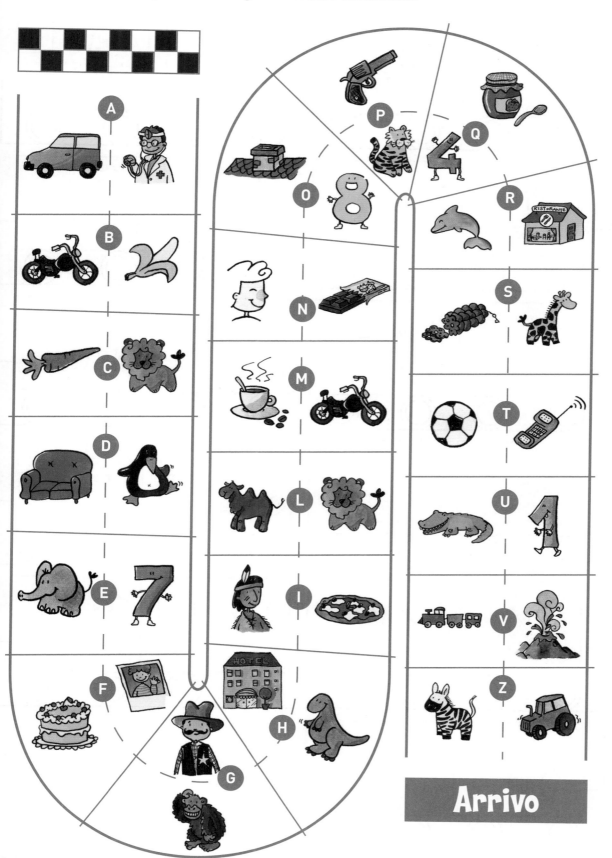

9. I bambini dicono il nome dei due oggetti illustrati nelle due corsie parallele della pista, poi indicano quello che segue in ordine alfabetico (es. automobile – banana - carota).

Guarda, leggi la consegna e scrivi nel vagone la lettera iniziale.

10. L'insegnante assieme ai bambini "legge" le illustrazioni delle consegne. I bambini le ripetono e scrivono la lettera iniziale dentro ogni vagone. Infine leggono in sequenza le lettere e inseriscono quelle mancanti per completare l'alfabeto.

7

Percorso *sette*

Ascolta e indica, poi racconta la storia a un compagno.

 va in città in  .

 compera un'  rossa. Che bella!

 vede una  nera. Che bella!

 cambia l'  con la  .

 vede una gialla. Che bella!

 cambia la  con la .

 vede un che vende animali: , e

 vede un   e . Che bello! Che simpatico!

 cambia la  con il  .

 ritorna a con il suo nuovo amico.

 è felice.

---

11. **CD1** 24 - I bambini ascoltano e indicano i disegni. Poi raccontano la storia con l'aiuto delle illustrazioni, producendo i relativi rumori, suoni e versi.

Percorso *sette* **7**

Siamo fatti così

1 **Dite bambini, che sapete fare?**

   Ascolta e indica, poi canta e mima.

Dite bambini, che sapete fare?
Forse sapete battere le mani
mani mani mani
battere le mani
a a a

Dite bambini, che sapete fare?
Forse sapete battere i piedi
piedi piedi piedi
battere i piedi
mani mani mani
battere le mani
a a a

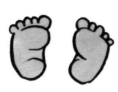 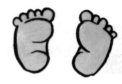

Dite bambini, che sapete fare?
Forse sapete battere la pancia
pancia pancia pancia
battere la pancia
piedi piedi piedi
battere i piedi
mani mani mani
battere le mani
a a a

 1. <u>CD2</u> 17-18 - L'insegnante canta e mima la canzone assieme ai bambini.

Ascolta il numero e conta, poi indica e di' il nome.

2. L'insegnante fotocopia su lucido il disegno e lo proietta sulla parete. L'insegnante o un bambino tira il dado e dice il numero; i bambini contano le caselle, poi indicano e denominano assieme all'insegnante la parte del corpo illustrata nella casella sulla quale si sono fermati.

Percorso *otto*

8

Ascolta e di' il numero o la lettera.

1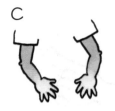

C

5

2

E

H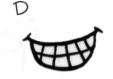

D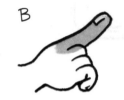

B

4

6

8

3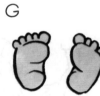

G

A

F

7

 3. L'insegnante nomina una parte del corpo e i bambini dicono il numero o la lettera che si trova vicino all'immagine corrispondente; successivamente l'insegnante dice il numero o la lettera e i bambini nominano la parte del corpo illustrata. L'insegnante utilizza i cartellini per giocare a "Cerca e prendi"(pag.14), a memory o a tombola.

Ascolta, recita e poi disegna.

Non è un bambino   non è una bambina   non è una mamma   non è un papà

è il mostro Margollà.

Ha tre   sulla testa,

una  grande, grande,

un piccolino

e una da pinguino.

Ha quattro  lunghi, lunghi

e due corte, corte

una di qua e una di là:

ecco il mostro Margollà.

---

4. <u>CD1</u> 25 - I bambini ascoltano più volte la descrizione del mostro, la ripetono coralmente e la mimano. Poi disegnano il mostro. I bambini confrontano il proprio disegno con quello dei compagni.

Percorso *otto* **8**

Ascolta e guarda, poi recita e mima.

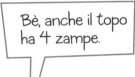

5. **CD1** 26 - I bambini ascoltano il dialogo e guardano le illustrazioni. Ripetono e mimano coralmente le battute. Poi, divisi in due gruppi, ripetono e mimano coralmente i ruoli di Tim e Tom.

Ascolta, canta e gioca con i tuoi compagni.

> Dammi la mano, vieni con me,
> conosco un bel gioco che piace anche a te:

pam, pam,
pam pam pam (X 3)
giravolta
pam pam pam

battiamo le mani,
alziamo le braccia,
tiriamo le orecchie,
giriamo la faccia,
guardiamo negli occhi
un altro bambino
e lui viene a giocare con noi:

pam, pam,
pam pam pam (X 3)
giravolta
pam pam pam

6. **CD2** 19-20 - I bambini sono disposti in cerchio, l'insegnante prende per mano un bambino; insieme vanno al centro del cerchio, cantano ed eseguono la seguente sequenza di movimenti per tre volte: mano destra contro mano destra, sinistra contro sinistra, e per tre volte mani contro mani; poi fanno la giravolta e di nuovo battono mani contro mani per tre volte. Alla fine del gioco l'insegnante e il bambino rimangono al centro del cerchio ed entrambi invitano un altro bambino. Il gioco si ripete fino al coinvolgimento di tutti i bambini.

8

Percorso *otto*

Il gioco dello specchio

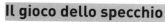

   Ascolta, poi mima e ripeti.

Come stanno i bambini?

8

   Ascolta e indica, poi scrivi il nome.

7. L'insegnante propone il "gioco dello specchio": tocca una parte del corpo con espressione sofferente e dice
la frase corrispondente, per esempio: Ho mal di testa. I bambini ripetono la frase e mimano.
7A. CD1 27 - L'insegnante e i bambini ascoltano, toccano la parte dolente che viene citata e ripetono coralmente
la frase.
8. CD1 28 - Dopo un primo ascolto, l'insegnante fa ascoltare una frase alla volta e i bambini indicano l'illustrazione
corrispondente e scrivono il nome nella casella giusta.

Percorso *otto* **8**

Ascolta e guarda, poi recita e mima.

Lisa: Ciao Ugo, come stai?
Ugo: Bene, grazie,
     dove vai?
Lisa: Vado a scuola,
     ma ho mal di testa.
Ugo: Hai mal di testa?!
     Oh mi dispiace,
     prendi questa,
     vedrai, ti piace!

Susi: Ciao Max, come stai?
Max: Bene, grazie, dove vai?
Susi: Vado a scuola,
     ma ho mal di gola.
Max: Hai mal di gola?!
     Oh mi dispiace,
     prendi questa,
     vedrai, ti piace!

Rudi: Ciao Lara, come stai?
Lara: Bene, grazie,
     dove vai?
Rudi: Vado a scuola,
     ma ho mal di schiena.
Lara: Hai mal di schiena?!
     Oh mi dispiace,
     prendi questa,
     vedrai, ti piace!

Percorso *otto*   **8**

Sara: Ciao Leo, come stai?
Leo: Bene, grazie,
      dove vai?
Sara: Vado a scuola,
      ma ho mal di pancia.
Leo: Hai mal di pancia?!
      Oh mi dispiace,
      prendi questa,
      vedrai, ti piace!

Ivo: Ciao Toni, come stai?
Toni: Bene, grazie, dove vai?
Ivo: Vado a scuola,
      ma ho mal di denti.
Toni: Hai mal di denti?!
      Oh mi dispiace,
      prendi questa,
      vedrai, ti piace!

Tina: Maestra,
      Rudi ha mal di schiena,
      Lisa ha mal di testa,
      Sara ha mal di pancia,
      Ivo ha mal di denti,
      e Susi ha mal di gola.
Maestra: Ma bambini, questa
      non è una classe,
      è un ospedale!

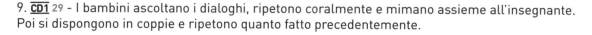
9. **CD1** 29 – I bambini ascoltano i dialoghi, ripetono coralmente e mimano assieme all'insegnante.
Poi si dispongono in coppie e ripetono quanto fatto precedentemente.

Sensazioni ed emozioni

1   Il gioco dello specchio

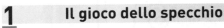 **Mima** e **ripeti**.

Che buono!

Che buono!

Che buono!

2   Uau! Brr! Oh!

   Ascolta e **indica**, **poi** scrivi il numero.

 1. L'insegnante mima le azioni rappresentate nell'attività 2 e le accompagna con l'espressione verbale, per esempio: Che puzza! I bambini imitano il movimento e ripetono la frase.

2. CD1 30 - I bambini ascoltano, indicano l'illustrazione e scrivono il numero nel fumetto.

Percorso *nove*

9

Ascolta e guarda, poi canta e mima.

3. CD2 21 - 22 – I bambini ascoltano e indicano le illustrazioni. Poi cantano coralmente e mimano.

Sensazioni ed emozioni *settantanove* 79

Ascolta, indica, poi colora.

☐

☐

☐

☐

☐

☐

☐

☐

☐

☐

 4. **CD1** 31 - Dopo un primo ascolto completo, l'insegnante fa ascoltare una frase alla volta e i bambini colorano la casellina come indicato nel testo di ascolto.

Ascolta e guarda, poi recita e mima.

5. CD1 32 - I bambini ascoltano, indicano le illustrazioni, poi in gruppo interpretano i ruoli della scenetta.

Percorso *nove* **9**

Colora **le strade, poi** di' **quello che dicono i bambini e** mima.

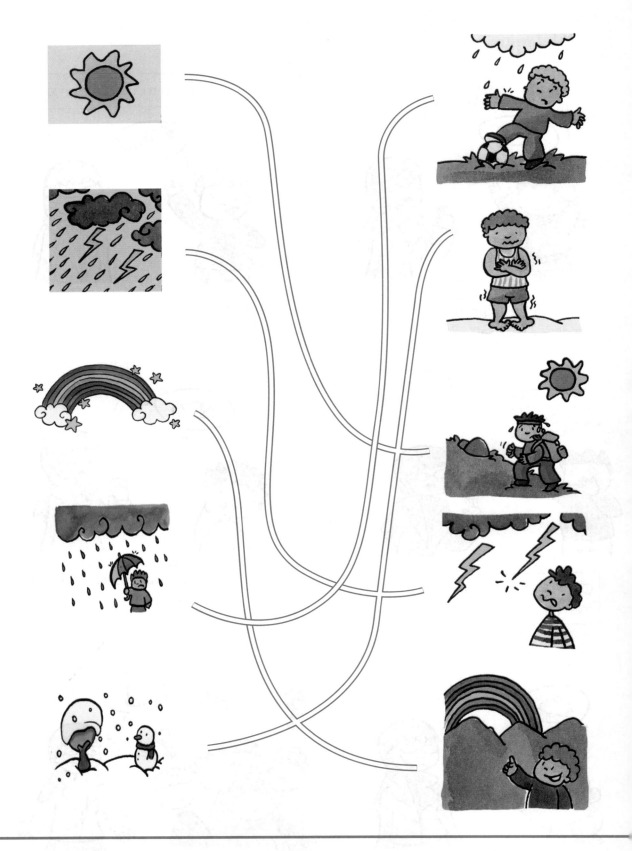

6. L'insegnante "legge" le illustrazioni della prima colonna: c'è il sole, c'è il temporale, c'è l'arcobaleno, piove, nevica. I bambini colorano le strade, poi assieme all' insegnante ripetono le condizioni atmosferiche, dicono le espressioni corrispondenti (Piove. Che brutto! – Nevica. Che freddo!) e mimano gli stati d'animo e gli stati fisici relativi.

Sensazioni ed emozioni

Percorso *nove*

9

Ascolta e guarda, poi canta e mima.

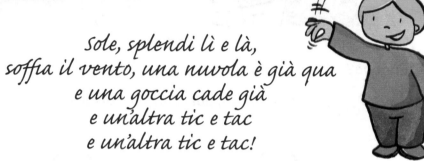

Sole, splendi lì e là,
soffia il vento, una nuvola è già qua
e una goccia cade già
e un'altra tic e tac
e un'altra tic e tac!

sulla testa tic e tac
sulle spalle tic e tac
sulla schiena tic e tac
sulle gambe tic e tac,
tic e tac, tic e tac, tic e tic e tic e tac!

7. CD2 23 - 24 - L'insegnante e i bambini ascoltano, cantano e mimano la canzone. L'insegnante divide i bambini in coppie e li dispone uno dietro l'altro: il bambino dietro canta la canzone e picchietta con le dita sulle parti del corpo nominate nel testo. Il bambino davanti chiude gli occhi e ascolta. Poi i due bambini si scambiano i ruoli.

8   La gallina Coccodè

  Ascolta e recita con un compagno.

9   Com'è il tempo?

   Ascolta e indica, poi colora la cornice.

 8. CD1 33 - I bambini costruiscono la gallina segna-tempo e ritagliano i cartellini (allegato a9). Ogni giorno un bambino inserisce il cartellino raffigurante le condizioni atmosferiche. Poi tutti recitano il breve dialogo.
9. CD1 34 - I bambini ascoltano e indicano la situazione atmosferica nominata; poi colorano la cornice secondo le indicazioni date.

Ascolta e guarda, **poi** canta e mima.

Senti che rumore, senti che rumore,
mamma, che paura, batte forte il cuore,
sta' vicino a me, dimmi che cos'è,
dimmi che cos'è.

È la pioggia che batte,
è la porta che sbatte,
sta' tranquillo, piccino,
il mio posto è vicino
qui vicino a te.

Senti che rumore, senti che rumore,
mamma, che paura, batte forte il cuore,
sta' vicino a me, dimmi che cos'è,
dimmi che cos'è.

È il vento che soffia,
é il temporale che scoppia,
sta' tranquillo, piccino,
il mio posto è vicino
qui vicino a te.

9

Percorso *nove*

---

10. ⎯CD2⎯ 25 - 26 - I bambini ascoltano, indicano le illustrazioni, poi ripetono coralmente la canzone e la mimano.

11 Suoni, versi e rumori

  Ascolta e **indica, poi** scrivi il numero.

C

M

O

P

U

V

E

A

T

12 Scopri le parole

 Ascolta, guarda e **scrivi la lettera sui trattini.**

____ ____ ____ ____   ____ ____ ____ ____ ____

---

11. CD1 35 - Dopo un primo ascolto completo, l'insegnante fa ascoltare un rumore alla volta. I bambini scrivono il numero sotto l'immagine corrispondente.

12. CD1 36 -. L'insegnante fa ascoltare, uno alla volta, il nome degli oggetti illustrati. I bambini scrivono sul trattino la lettera che è nella casella dell'immagine corrispondente. Le parole risultanti sono rumori.

Sensazioni ed emozioni

Feste

Il presepe

    Ascolta e **indica**, **poi** recita e **mima.**

Che silenzio nella capanna,

 Gesù Bambino fa la nanna.

 Maria è seduta di qua

Giuseppe è in piedi di là.

Gli animali sono  due:

l' asinello e il 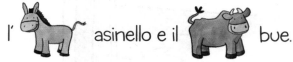 bue.

La stella cometa e l' 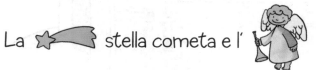 angioletto

sono lì, sopra il  tetto.

Fuori ci sono tanti pastori

portano    doni di tutti i colori.

Le stelle brillano nel  cielo blu

salutano il bimbo di nome Gesù.

---

1. CD1 37 - I bambini ascoltano la filastrocca e indicano le immagini nominate. Poi recitano coralmente la filastrocca e la mimano.

10

Percorso *dieci*

Ripeti la filastrocca e **incolla** le figure al posto giusto.

 2. I bambini ritagliano le figure (allegato a10). Poi ripetono ad alta voce assieme all'insegnante la filastrocca dell'attività 1 e posizionano man mano le figure.

Di' il nome, colora la strada e leggi la lettera.

 Scrivi sui trattini le lettere corrispondenti ai disegni.

____ ____ ____ ____   ____ ____ ____ ____ ____ ____

3. I bambini assieme all'insegnante dicono il nome degli oggetti illustrati. Poi scrivono sui trattini le lettere corrispondenti ai disegni e leggono il messaggio segreto.

Percorso *dieci*

10

Feste

ottantanove **89**

Ascolta, leggi e colora.

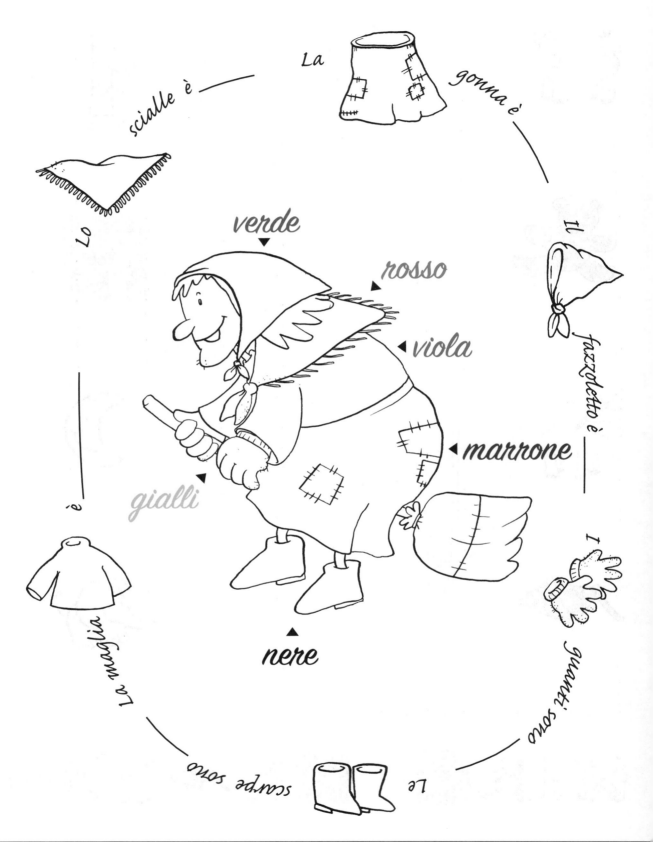

La gonna è

Lo scialle è

verde

rosso

viola

marrone

Il fazzoletto è

gialli

è

La maglia

nere

I guanti sono

Le scarpe sono

 4. L'insegnante legge la prima parte della frase e i bambini la completano leggendo il nome del colore scritto vicino all'indumento. Poi i bambini colorano il disegno. Per fissare il lessico, l'insegnante mette in un sacco i vestiti della Befana; mette la mano nel sacco e chiede ai bambini: "Nel mio sacco che cosa c'è?" Estrae quindi un indumento alla volta nominandolo e facendolo nominare dai bambini.

Ascolta e indica, poi racconta la storia a un compagno.

È la notte del 5 gennaio. Ecco la Befana!

La Befana mette nel sacco caramelle,

 mandarini, torrone, biscotti e anche un po'

di carbone. Poi la Befana prende la scopa e via!

La  Befana vola sopra le case, scende giù

per i camini e lascia i pacchetti per i bambini.

Nel tuo pacchetto ci sono tante cose.

 e scopri i tuoi regali.

☆ = arancione
□ = verde
ß = rosso
● = viola
o = marrone

5 CD1 38 - I bambini ascoltano e indicano le immagini nominate, poi ripetono e mimano la storia con l'aiuto delle
illustrazioni. Infine colorano il disegno secondo il codice dato.

Ascolta, canta e gioca con i tuoi compagni.

Guarda, guarda, guarda lassù,
guarda, guarda chi viene giù:
è la Be fa, è la Be fa, è la Befana,
è la Be fa, è la Be fa, è la Befana.
Ma dove va?
E chi lo sa!
Ma dove va?
E chi lo sa,
la Befana dove va.

Volo, sopra i tetti volo
sopra i tetti della città.
Scendo giù per i camini,
lascio i pacchettini per voi.(x2)

6. <u>CD2</u> 27 - 28 - I bambini vengono disposti in cerchio. I bambini ascoltano, poi cantano e mimano la prima parte della canzone. Un bambino con il fazzoletto sulla testa interpreta la Befana. Gira all'esterno del cerchio e con l'aiuto dell'insegnante canta la seconda parte della canzone. Lascia cadere una caramella o una nocciolina dietro un compagno. Il bambino che la trova diventa la "nuova Befana".

Scrivi le lettere mancanti sotto l'illustrazione e sui trattini in fondo alla pagina.

CUO _ O	F _ TA	PI _ ATA
PI _ OCCHIO	STR _ GA	_ AMPIRO
SP _ ZZACAMINO	PIPPI CA _ ZELUNGHE	ARL _ CCHINO

___ ___ ___ ___ ___ ___ ___ ___ ___ ___

7. L'insegnante nomina le maschere; i bambini completano il nome e riportano in fondo alla pagina le lettere inserite sui trattini. In seguito l'insegnante ingrandisce le maschere (allegato a11) e ogni bambino ne sceglie una e la colora.

10

Percorso *dieci*

Ascolta, canta e gioca con i tuoi compagni.

Tutti in carrozza bum bum
con il biglietto bum bum
parte veloce il treno diretto;
gira di qua, di qua,
gira di là, di là
dove arriva … nessuno lo sa.

 Sale Pinocchio

sale la fata

sale la strega

 sale il pirata

sale il cuoco

sale Arlecchino

 poi sale Pippi

 e lo spazzacamino.

 8. **CD2** 29 - 30 - Ogni bambino attacca un filo di rafia alla maschera (allegato a11) e se la mette al collo.
Un bambino fa il capostazione e marcia davanti alla fila. Ha un tamburo che suona al ritmo della canzone, gli altri bambini cantano ed eseguono i movimenti.

Ascolta, indica e **di' che cosa vedi nella colonna numero cinque (5).**

1	2	3	4	5

9. <u>CD1</u> 39 –. I bambini ascoltano e indicano con il dito, poi dicono il nome dell'immagine della V colonna.

Percorso *dieci*   **10**

Ascolta e guarda, poi recita e mima.

Oggi è Pasqua. I bambini ricevono un uovo di cioccolato. Silvia, Alberto, Tina e Paolo sono sul prato.

> Io ho un uovo.
> Anch'io.
> Ecco il mio uovo!
> Ecco il mio!

Silvia scarta il suo uovo e poi lo apre.

> Che cosa c'è dentro?
> Una piccola bambola, che bella!

Anche Alberto scarta il suo uovo e poi lo apre.

> Che cosa c'è dentro?
> Una macchinina rossa, che bella!

Anche Tina scarta il suo uovo e poi lo apre.

> Un orsetto, che bello!
> Che cosa c'è dentro?

Anche Paolo scarta il suo uovo.

> Oh no, un uovo bianco!

In quel momento l'uovo si apre e viene fuori un pulcino.

> Un pulcino, che sorpresa speciale!

 10. CD1 40 - I bambini ascoltano la storia e guardano le immagini. Poi assieme all'insegnante la ripetono e la mimano. Infine rappresentano la scenetta in piccolo gruppo.

Ritaglia.

E adesso giochiamo

<u>**a2**</u>

 Ritaglia.

Il puzzle degli animali

 Ritaglia.

il   il   mucca   pesce   il

gatto   cane   la   maiale   il

Nella savana

Ritaglia.

Ritaglia.

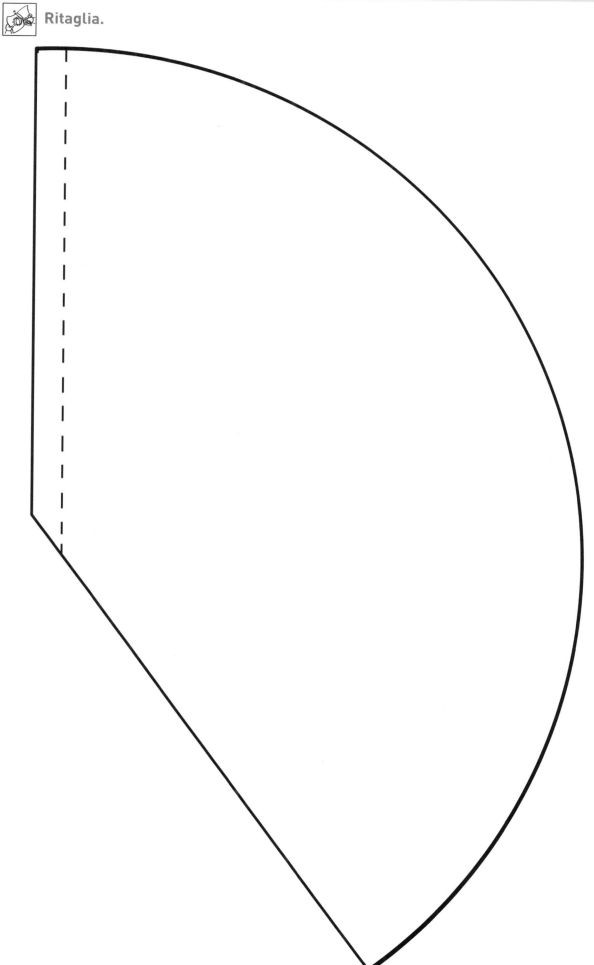

Ritaglia.

Ritaglia.

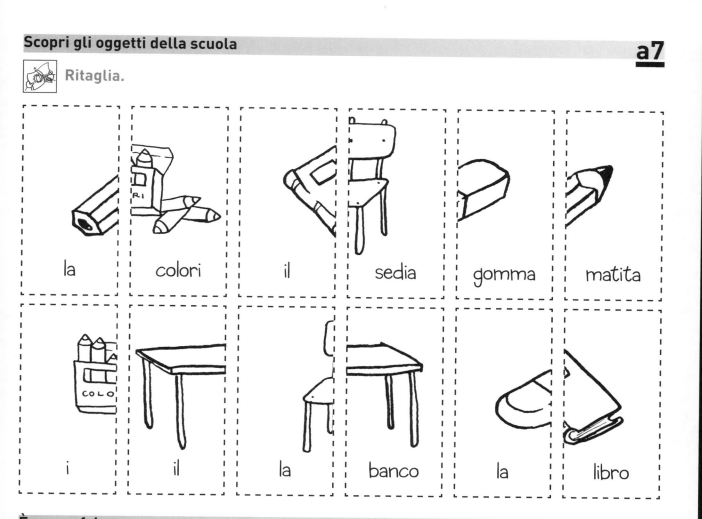

la • colori • il • sedia • gomma • matita

i • il • la • banco • la • libro

È vero o falso <u>a8</u>

Ritaglia.

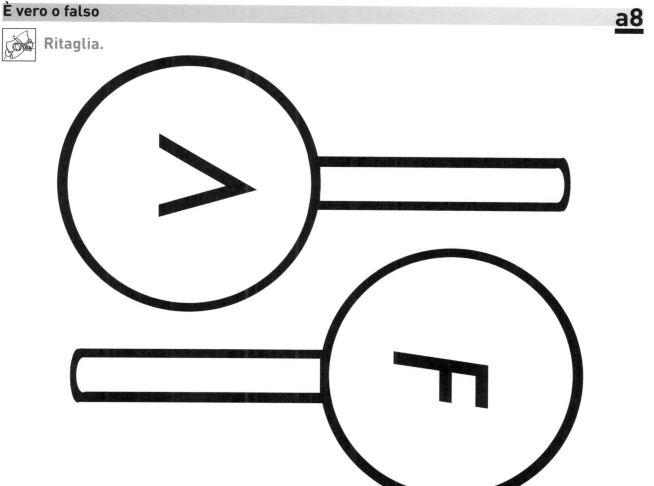

 Ritaglia.

Conosciamoci

  Guarda e colora le figure che sai nominare.

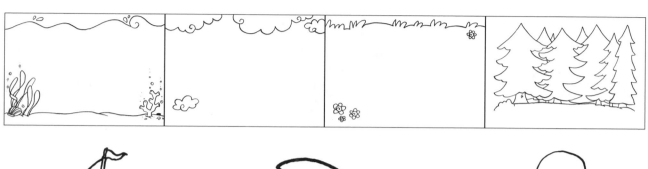

  Guarda e di' quello che ricordi.

Portfolio

Immagini e parole

  Guarda e colora le figure che sai nominare.

  Guarda e di' quello che ricordi.

Gli animali

  Guarda e colora le figure che sai nominare.

 Guarda e di' quello che ricordi.

Numeri e colori

  Guarda e **colora** le figure che sai nominare.

 bianco

rosso

 blu

nero

  arancione

 verde

giallo

 grigio

  marrone

variopinto

  Guarda e **di'** quello che ricordi.

A scuola

  Guarda e **colora** le figure che sai nominare.

1+1 = 2

  Guarda e **di'** quello che ricordi.

Portfolio

Giocattoli

  Guarda e **colora** le figure che sai nominare.

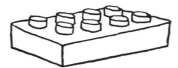

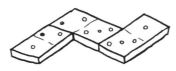
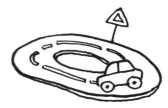

  Guarda e **di'** quello che ricordi.

Suoni e parole

  Guarda e colora le figure che sai nominare.

Portfolio

  Guarda e di' quello che ricordi.

Siamo fatti così

  Guarda e colora le figure che sai nominare.

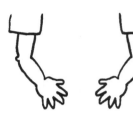

  Guarda e di' quello che ricordi.

Sensazioni ed emozioni

  Guarda e colora le figure che sai nominare.

  Guarda e di' quello che ricordi.

Portfolio

Indicazioni metodologiche

I percorsi di questa pubblicazione si propongono di avvicinare i bambini alla lingua italiana, creando un atteggiamento positivo e sereno verso questa nuova esperienza linguistica che costituisce una possibilità di crescita nello sviluppo cognitivo, affettivo e sociale.

Il contatto con una nuova lingua favorisce l'apertura e la disponibilità verso culture, persone e linguaggi diversi dai propri, giova inoltre alla percezione della propria identità linguistica e culturale.

I percorsi proposti sono stati elaborati prendendo in considerazione alcuni principi di carattere pedagogico-didattico:

- i suoni di una lingua vengono assimilati con particolare facilità in età precoce;
- la ridondanza fa parte del modo di apprendere dei bambini;
- il coinvolgimento totale della persona in un approccio ludico favorisce l'apprendimento;
- l'interazione con i pari e con gli adulti permette di imparare meglio;
- la scelta di attività motivanti e contestualizzate dà ai bambini la possibilità di assumere ruoli diversi e di ripetere "pezzi di lingua" significativi;
- l'errore è parte integrante di un processo di apprendimento linguistico e deve essere considerato come un'ipotesi su cui crescere.

L'approccio alla lingua italiana è prevalentemente orale e favorisce la comprensione e la comunicazione nel gruppo. È importante creare a tale proposito un ambiente in cui la lingua sia funzionale all'interazione e il processo di apprendimento sia simile a quello dell'acquisizione della prima lingua.
Le situazioni e le tematiche offerte costituiscono alcune proposte che favoriscono un avvicinamento spontaneo alla lingua italiana.

Questi percorsi sono nati per sostenere lo sviluppo linguistico-comunicativo dei bambini, in un ambiente accogliente e sereno che valorizzi e stimoli ogni piccolo passo in questa avventura nel mondo delle lingue.

Jolanda Caon e Rita Gelmi

Per facilitare la comprensione delle attività, le consegne vengono date ai bambini anche attraverso icone di seguito presentate.

 Ascolta

 Indica

 Di'

 Ripeti

 Chiedi

 Racconta

 Recita

 Mima

 Balla

 Canta

 Gioca con un compagno

 Gioca con i compagni

 Guarda

 Fa' una crocetta

 Colora

 Disegna

 Incolla

 Taglia

 Ritaglia

 Leggi

 Scrivi

 Scrivi il numero

 Prendi

 Tocca

 Conta

 Batti le mani

 Vieni qui

 Nascondi

 Indicazione per l'insegnante

Tavole sinottiche

1. Conosciamoci

OBIETTIVI	ATTIVITÀ
Comprendere il testo di una canzone con l'aiuto dei gesti. Memorizzare e ripetere una canzone.	1. Buon giorno
Comprendere il testo di una canzone con l'aiuto dei gesti. Memorizzare e ripetere una canzone.	2. Arrivederci
Comprendere le istruzioni per realizzare un cartellone. Memorizzare il lessico relativo agli ambienti del mare, del cielo, del prato e del bosco.	3. 4 ambienti
Comprendere istruzioni per costruire un cartellino identificativo. Comprendere e denominare il lessico.	4. E adesso giochiamo!
Cantare una canzone con lessico noto.	5. Girotondo della natura
Comprendere con l'aiuto delle immagini un dialogo registrato. Domandare e rispondere durante un gioco, secondo un modello ascoltato.	6. Il gioco di Pinocchio
Comprendere una filastrocca, recitarla e mimarla.	7. Il ballo di Arlecchino

CONTENUTI LINGUISTICI
Buon giorno, arrivederci, maestra, il mare, il cielo, il prato, il bosco, il granchio, il delfino, la barca, il pesciolino, la luna, il palloncino, la stella, l'uccellino, la mucca, il cavallo, la gallina, il gallo, la volpe, il pino, il fungo, il topolino, piede, salto, giravolta, gambe, inchino.
Come ti chiami? Mi chiamo...

2. Immagini e parole

Prima di iniziare il percorso, è opportuno che l'insegnante proponga delle attività ludiche (per esempio: memory, tombola) per aiutare i bambini ad avvicinarsi al lessico.

OBIETTIVI	ATTIVITÀ
Comprendere all'ascolto singole parole e numerarle	1. Dalla parola al numero
Denominare oggetti, persone, animali	2. Dal numero alla parola
Comprendere all'ascolto il nome di oggetti, persone, animali Denominare oggetti, persone, animali	3. Segui la strada
Comprendere all'ascolto il nome di oggetti, persone, animali	4. Cerca e prendi
Comprendere all'ascolto il nome di oggetti, persone e animali e denominarli	5. Un gioco per due
Scoprire le rima	6. Strade e parole
Comprendere all'ascolto un racconto/canzone Cantare e interpretare una canzone	7. La banda del panda
Riconoscere le parole in rima	8. Nomi in rima

CONTENUTI LINGUISTICI
Il naso, la carota, la zebra, la pizza, la banana, il dottore, la cioccolata, la torta, il telefono, l'automobile, il coccodrillo, la giraffa, la marmellata, il salame, il ristorante, il cantante, il canguro, suona, il tamburo, il pinguino, il violino, il cammello, il campanello, i gatti, i piatti, guardano di qua, di là, in su, in giù.

3. Animali

OBIETTIVI	ATTIVITÀ
Comprendere il nome degli animali.	1. Conosci gli animali?
Nominare alcuni animali.	2. Il puzzle degli animali
Indovinare e nominare gli animali.	3. Le maschere degli animali
Comprendere il nome di alcuni animali per ripeterne il verso.	4. Il concerto
Indovinare gli animali.	5. Indovina, indovina!
Comprendere il nome degli animali.	6. Tombola
Comprendere il nome degli animali e nominarne uno.	7. Cerca l'animale
Comprendere, cantare e mimare una canzone con lessico noto. Nominare alcuni animali.	8. Allo zoo di Mustafà
Comprendere una storia con il supporto iconico e poi raccontarla.	9. Nella savana

CONTENUTI LINGUISTICI
La giraffa, il panda, il pesce, l'elefante, la tigre, il maiale, la pantera, il leone, il coccodrillo, il cammello, il delfino, la mucca, il pinguino, il cane, il gatto, sole, piccolo, grande, casa, letto, sera, gira, balla.

4. Numeri e colori

OBIETTIVI	ATTIVITÀ
Comprendere, recitare e mimare una filastrocca.	1. La filastrocca dei numeri
Comprendere i numeri da 1 a 10.	2. Rubabandiera
Comprendere e recitare una filastrocca. Contare fino a 10.	3. Macchinina rossa
Comprendere e recitare una filastrocca usando i numeri da 1 a 10.	4. Regina reginella
Comprendere i colori.	5. I cappellini colorati
Ascoltare e ripetere una filastrocca giocando	6. Dov'è la pallina?
Comprendere, cantare e mimare una canzone.	7. Il pittore Arturo
Nominare i colori.	8. La tavolozza di Arturo
Comprendere, ripetere e drammatizzare una storia.	9. Calimero e Supergigio
Abbinare un colore ad un'illustrazione e dire la frase corrispondente.	10. Che belli i colori
Dire brevi frasi nominando i colori.	11. Le carte colorate

CONTENUTI LINGUISTICI
Numeri da 1 a 10, bianco, nero, rosso, giallo, blu, verde, arancione, marrone, grigio, variopinto, mela, gatto, topo, carota, castagna, cielo, stelle, tavolozza, prato, muro.

5. A scuola

OBIETTIVI	ATTIVITÀ
Ripetere parole ascoltate, scandendo le sillabe	1. Batti le mani
Nominare oggetti scolastici.	2. Scopri gli oggetti della scuola
Nominare oggetti scolastici.	3. Indovina, indovina
Comprendere all'ascolto colori e oggetti.	4. Coloriamo le cose della scuola
Usare termini relativi alla localizzazione.	5. Dov'è il gesso?
Comprendere, cantare e mimare una canzone.	6. Quante cose io so fare
Riconoscere e nominare oggetti.	7. Scopri che cosa c'è nel
Comprendere, cantare e mimare una canzone..	8. La merenda
Dire ciò che si mangia a merenda.	9. Che cosa mangi per merenda?
Ripetere e dire frasi, identificare oggetti..	10. Come sono gli oggetti della
Memorizzare e nominare oggetti e cibi.	11. Memory
Comprendere i numeri, contare e denominare oggetti.	12. Il gioco della scimmia Lia

CONTENUTI LINGUISTICI
La matita, il quaderno, il banco, la colla, l'astuccio, il gesso, le forbici, la penna, il foglio, i colori, la gomma, la cartella, il libro, la lavagna, la sedia, la merenda, il succo, il panino al salame, il panino al formaggio, la mela, lo yogurt, la torta, l'acqua, l'aranciata, la limonata, la scimmia, disegno, coloro, scrivo, apro, ascolto, saluto, a destra, a sinistra.

6. Giocattoli

OBIETTIVI	ATTIVITÀ
Comprendere e nominare lessico relativo ai giocattoli.	1 Il cesto dei giocattoli
Memorizzare e nominare lessico relativo ai giocattoli.	2. Il memory
Dire brevi frasi relative al possesso di giocattoli.	3. Cerca il giocattolo
Comprendere, ripetere e interpretare una scenetta.	4. È pronta la merenda
Comprendere, ripetere, mimare e dire le qualità dei giocattoli.	5. Com'è il giocattolo?
Comprendere lessico relativo ai giocattoli.	6. Giocattoli e numeri
Comprendere, cantare e mimare una canzone.	7. È così
Mimare e nominare giocattoli.	8. Il gioco del mimo
Comprendere frasi riguardanti giocattoli e colori.	9. La camera di Susanna
Domandare e rispondere sulle preferenze riguardanti i giochi.	10. Ti piace giocare?

CONTENUTI LINGUISTICI
La palla, il lego, l'orsetto, la bicicletta, la bambola, la corda, il trattore, il trenino, le carte, il memory, il domino, la pista delle macchinine, grande, piccolo, lungo, corto.
Hai...? Io ho... Ti piace giocare con...?

7. Suoni e parole

Si consiglia di far svolgere questo percorso ad anno scolastico avanzato.

OBIETTIVI	ATTIVITÀ
Recitare e interpretare la filastrocca.	1. Gioca con me
Comprendere all'ascolto parole che iniziano con le lettere p, b, t, d. Discriminare i relativi suoni.	2. Segui la strada
Discriminare i suoni p, b, t, d.	3. In quale baule?
Comprendere all'ascolto una serie di frasi e dire se sono giuste o sbagliate rispetto a un'immagine.	4. E' vero o falso?
Nominare oggetti che iniziano con una determinata lettera.	5. Che cosa manca?
Riconoscere e pronunciare correttamente parole con le doppie.	6. Quante strade!
Comprendere e recitare una filastrocca.	7. La filastrocca un po' sciocca
Pronunciare correttamente le parole e riconoscere quelle senza doppie.	8. Trova il nome senza doppie
Riconoscere la lettera iniziale delle parole e la sequenza delle lettere dell'alfabeto.	9. La pista dell'alfabeto
Leggere le immagini, indicarne la lettera iniziale e completare l'alfabeto.	10. Il treno delle consegne
Comprendere all'ascolto e raccontare una storia con il supporto di immagini.	11. Gigi va in città

CONTENUTI LINGUISTICI
Il dito, il pesce, la bocca, il vaso, la finestra, la stalla, il piatto, il vulcano, il panino, la tazza, il balcone, Pinocchio, i denti, la foto, tocca a te, balla, canta, gioca, leggi, taglia, prendi, batti le mani, tocca la testa, dammi la mano, siediti, il treno, il bambino.

8. Siamo fatti così

OBIETTIVI	ATTIVITÀ
Cantare e interpretare una canzone.	1. Dite bambini, che sapete fare?
Nominare le parti del corpo.	2. Il giro del corpo
Comprendere all'ascolto e nominare le parti del corpo.	3. Che cos'è?
Comprendere, ripetere e mimare un testo.	4. Il mostro Margollà
Comprendere un dialogo, ripeterlo e interpretare i ruoli.	5. L'animale con la gobba
Cantare e interpretare una canzone.	6. Vieni con me
Comprendere, ripetere e mimare espressioni di dolore.	7. Il gioco dello specchio
Comprendere all'ascolto brevi frasi e abbinarle alle illustrazioni corrispondenti.	8. Come stanno i bambini?
Interpretare ruoli in un dialogo.	9. E' una classe o un ospedale?

CONTENUTI LINGUISTICI
La testa, gli occhi, le orecchie, il naso, la bocca, le spalle, la schiena, le braccia, le mani, le gambe, i piedi, i capelli, la faccia, i denti, vieni con me, battiamo le mani, alziamo le braccia, il mostro, le zampe, la coda, i baffi, arrabbiato, scappiamo.

9. Sensazioni ed emozioni

OBIETTIVI	ATTIVITÀ
Ripetere e mimare un'espressione legata a stati fisici e stati d'animo.	1. Allo specchio
Comprendere all'ascolto espressioni di stati d'animo e fisici e associarle all'illustrazione corrispondente.	2. Uau! Brr! Oh!
Comprendere, cantare e mimare una canzone relativa a richieste, permessi e divieti.	3. Posso andare al gabinetto?
Comprendere all'ascolto alcune richieste.	4. Posso?
Comprendere e interpretare ruoli seguendo il modello dato.	5. In classe
Ripetere, mimare ed esprimere stati d'animo e stati fisici rispetto a condizioni atmosferiche.	6. Che cosa dicono i bambini?
Comprendere e mimare una canzone.	7. Tic tac... piove
Recitare una filastrocca sulle condizioni atmosferiche.	8. La gallina Coccodè
Comprendere all'ascolto alcune situazioni atmosferiche.	9. Com'è il tempo?
Comprendere, cantare e mimare una canzone.	10. Mamma che paura!
Riconoscere versi, suoni e rumori.	11. Suoni, versi e rumori
Comprendere all'ascolto parole.	12. Scopri le parole

CONTENUTI LINGUISTICI
Come stai? Bene, grazie, dove vai? Vado a scuola, ho/hai mal di schiena, mal di testa, mal di gola, mal di pancia, mal di denti, che caldo, che freddo, che bello, che brutto, che paura, che puzza, posso andare al gabinetto, posso aprire la finestra, posso prendere la cartella/il fazzoletto, posso colorare, posso mangiare, posso bere, sì puoi, no non puoi, aspetta un momento, la pausa, c'è il sole, piove, nevica, la goccia, tempo brutto/bello.

10. Feste

Nella presentazione di questo percorso è necessaria una particolare sensibilità verso i bambini di altre culture.

OBIETTIVI	ATTIVITÀ
Ascoltare e comprendere una filastrocca con il supporto di immagini. Recitare e mimare la filastrocca illustrata.	1. Il presepe
Comprendere la localizzazione dei vari elementi in un testo e costruire un presepe.	2. Costruisci il tuo presepe
Ripetere i nomi degli oggetti illustrati, trascrivere alcune lettere dell'alfabeto e leggere un messaggio illustrato.	3. Il messaggio nascosto
Ascoltare, comprendere e completare un testo descrittivo illustrato relativo alla Befana.	4. Ecco la Befana!
Comprendere, ripetere e mimare un testo narrativo con il supporto di immagini.	5. La notte della Befana
Comprendere, cantare e mimare una canzone.	6. La canzone della Befana
Ascoltare il nome della maschera e individuare la lettera mancante.	7. Le maschere di Carnevale
Cantare e mimare una canzone.	8. Il treno di Carnevale
Riconoscere all'ascolto oggetti e maschere. Nominare maschere.	9. Segui la strada
Comprendere una storia con il supporto di immagini. Interpretare ruoli seguendo il modello dato.	10. Una sorpresa speciale

CONTENUTI LINGUISTICI
Gesù Bambino, Maria, Giuseppe, l'asino, il bue, la stella cometa, l'angioletto, i pastori, i doni, il tetto la capanna, l'albero, la Befana, la gonna, lo scialle, le scarpe, i guanti, la scopa, dove va, chi lo sa, volo, i biscotti, le caramelle, il Carnevale, le maschere, il cuoco, la fata, il pirata, la strega, lo spazzacamino, Pippicalzelunghe, il vampiro, l'uovo, il pulcino, sorpresa.